Impressum
Verlag: BABADADA GmbH, Nedderfeld 112 , 22529 Hamburg
Geschäftsführer / Verlagsleitung: Harald Hof
Druck: Books on Demand GmbH, In de Tarpen 42, 22848 Norderstedt

Imprint
Publisher: BABADADA GmbH, Nedderfeld 112 , 22529 Hamburg, Germany
Managing Director / Publishing direction: Harald Hof
Print: Books on Demand GmbH, In de Tarpen 42, 22848 Norderstedt

l'école

اسڪول

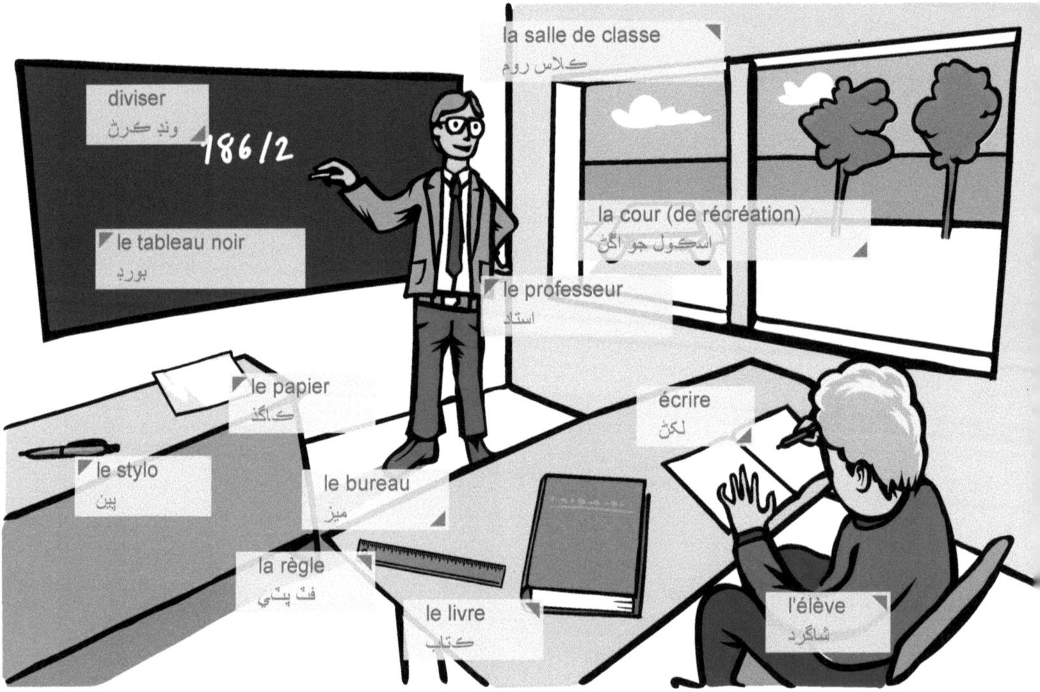

la salle de classe
ڪلاس روم
diviser
ونڊ ڪرڻ
186/2
le tableau noir
بورڊ
la cour (de récréation)
اسڪول جو اڱڻ
le professeur
استاد
le papier
ڪاغذ
écrire
لکڻ
le stylo
پين
le bureau
ميز
la règle
فٽ پٽي
le livre
ڪتاب
l'élève
شاگرد

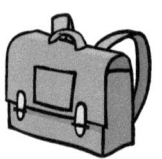

le cartable
بستو

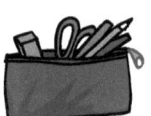

la trousse
پينسل باڪس

le crayon
پينسل

le taille-crayon
پينسل شارپنر

la gomme
ربڙ

le carnet à dessin
ڊرائنگ پيڊ

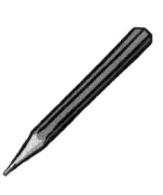

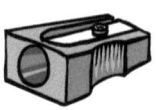

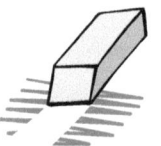

le dessin

درائنگ

le pinceau

پینٹ برش

la boîte de peinture

پینٹ باکس

les ciseaux

قینچی

la colle

گنوزر

le cahier d'exercices

مشق کرنٹ واری کاپی

les devoirs

ہوم ورک

le chiffre

عدد

additionner

جوڑ کرنٹ

soustraire

کٹ کرنٹ

multiplier

ضرب کرنٹ

calculer

حساب کرنٹ

la lettre

خط

l'alphabet

القابيٹ

hello

le mot

لفظ

le texte

مضمون

lire

پڑهݨ

la craie

چاک

la leçon

سبق

le livre de classe

رجسٹر

l'examen

امتحان

le certificat

سرٹیفیکیٹ

l'uniforme scolaire

اسکول یونیفارم

la formation

تعلیم

le lexique

انسائکلوپیڈیا

l'université

یونیورسٹی

le microscope

خوردبینی

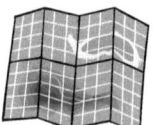

la carte

نقشہ

la corbeille à papier

ردی جی نّوکری

le voyage

سفر

l'hôtel
هوٹل
Grand
l'auberge
هاسٹل
ROOMS
CHANGE
le bureau de change
رقم تبدیل کرائڻ جي آفيس
la valise
سوٹ کیس
la voiture
کار

la langue

بولي

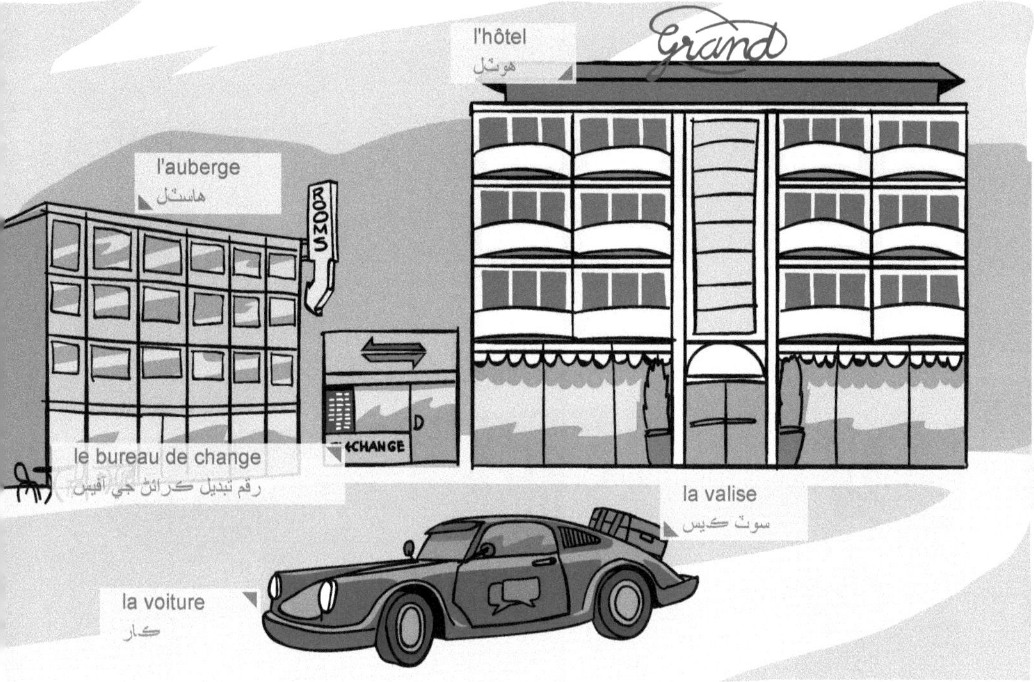

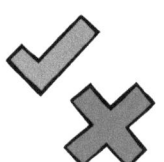

oui / non

ها يا نه

d'accord

صحيح آهي

Salut

هيلو

l'interprète

مترجم

merci

مهرباني

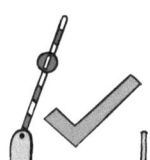

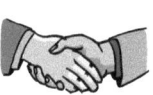

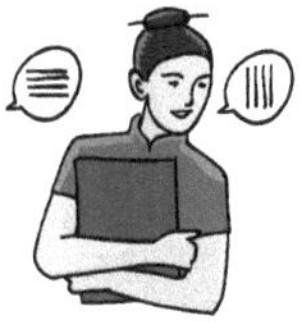

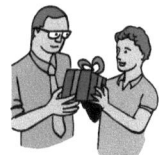

Combien coûte...?

هن جي قيمت گهٺي آهي.....؟

Je ne comprends pas

مون كي سمجهه م نٿو اچي

le problème

مسئلو

Bonsoir !

گڊ ايوننگ

Bonjour !

صبح بخير

Bonne nuit !

شب خير

Au revoir

الوداع

la direction

طرف

les bagages

سفري سامان

le sac

بيگ

le sac-à-dos

پويان ٻڌن وارو بيگ

l'hôte

مهمان

la pièce

كمرو

le sac de couchage

بسترِ وارو بيگ

la tente

خيمو

l'office de tourisme

سیاحت بابت معلومات

la plage

سمندر کنارو

la carte de crédit

کریډٹ کارډ

le petit-déjeuner

ناشتو

le déjeuner

لنچ

le dîner

ډنر

le billet

ٹکٹ

l'ascenseur

لفٹ

le timbre

مهر

la frontière

سرحد

la douane

گاهک

l'ambassade

سفارتخانو

le visa

ویزا

le passeport

پاسپورٹ

le transport

آمد و رفت

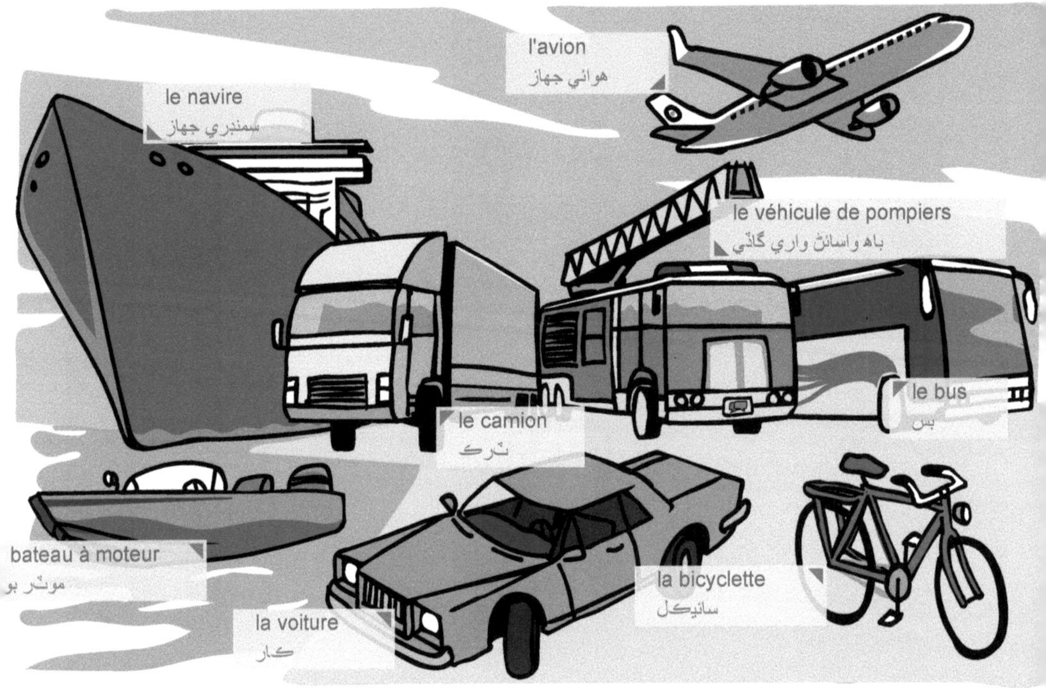

l'avion
هوائي جهاز
le navire
سمندري جهاز
le véhicule de pompiers
باه واسائڻ واري گاڏي
le bus
بس
le camion
ٽرڪ
bateau à moteur
موٽر بو
la bicyclette
سائيڪل
la voiture
ڪار

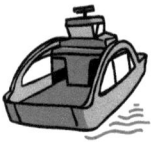

le ferry

فيري

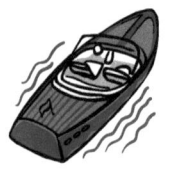

la barque

بيڙي

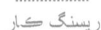

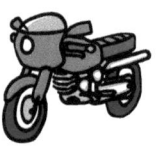

la moto

موٽر سائيڪل

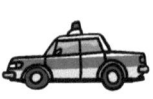

la voiture de police

پوليس ڪار

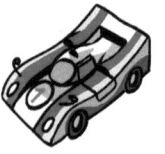

la voiture de course

ريسنگ ڪار

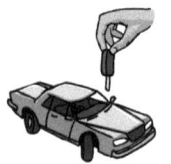

la voiture de location

رينٽل ڪار

l'auto-partage

چشيرينگ کار

la voiture de remorquage

چکڻ وارو ٹرک

la benne à ordures

کچري واري ٹرک

le moteur

کار

l'essence

فيول

la station d'essence

پيٽرول اسٽيشن

le panneau indicateur

ٽريفڪ جا نشان

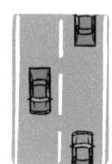

le trafic

ٽريفڪ

l'embouteillage

ٽريفڪ جام

le parking

کار پارڪ

la gare

ٽرين اسٽيشن

les rails

پٽڙيون

le train

ٽرين

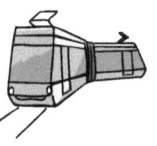

le tramway

ٽرام

le wagon

ويگن

l'hélicoptère

هيليڪاپٽر

l'aéroport

ايئرپورٽ

la tour

ٽاور

le passager

مسافر

le conteneur

ڪنٽينر

le carton

ڊپو

le chariot

ريڙهي

la corbeille

ٽوڪري

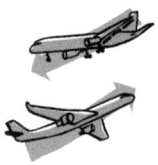

décoller / atterrir

اڏرڻ / زمين تي لهڻ

la ville

شهر

le village

ڳوٺ

le centre-ville

شهر جو مرڪز

la maison

گهر

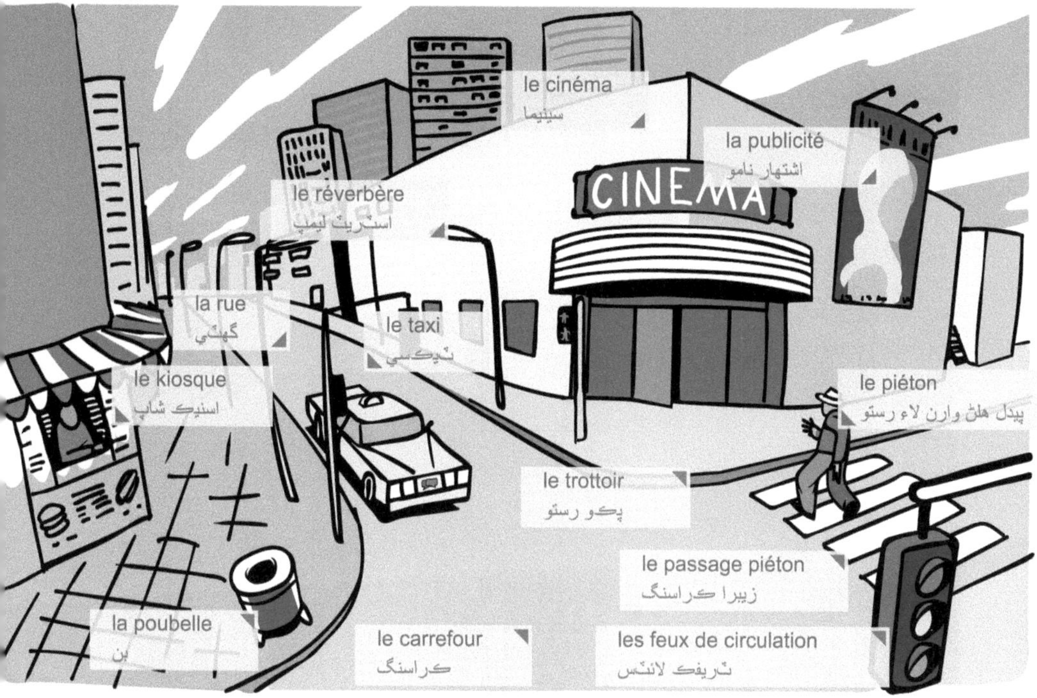

CINEMA
le cinéma
سینیما
la publicité
اشتہار نامو
le réverbère
اسٽريٽ ليمپ
la rue
گھٽي
le taxi
ٽيڪسي
le kiosque
اسنيڪ شاپ
le piéton
پیدل ھلڻ وارن لاء رستو
le trottoir
پڪو رستو
le passage piéton
زيبرا ڪراسنگ
la poubelle
بن
le carrefour
ڪراسنگ
les feux de circulation
ٽريفڪ لائٽس

la cabane

جھوپڙي

l'appartement

فليٽ

la gare

ٽرين اسٽيشن

la mairie

ٽائون هال

MUSEUM

le musée

عجائب گھر

l'école

اسڪول

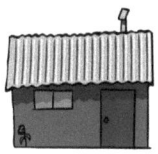

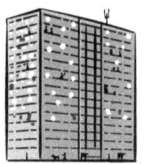

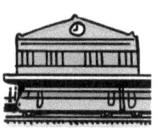

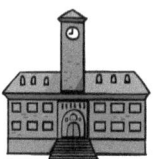

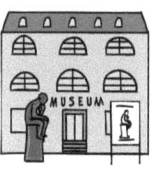

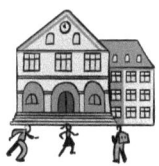

l'université

يونيورسٽي

la banque

بينڪ

l'hôpital

اسپتال

l'hôtel

هوٽل

la pharmacie

فارميسي

le bureau

آفيس

la librairie

ڪتابن جي ڪتاب

le magasin

دڪان

le fleuriste

گلن جي دڪان

le supermarché

سپر مارڪيٽ

le marché

مارڪيٽ

le grand magasin

ڊپارٽمينٽ اسٽور

la poissonnerie

مڇي جي دڪان

le centre commercial

شاپنگ سينٽر

le port

بندرگاه

le parc

پارک

la banque

بینچ

le pont

پل

les escaliers

ڈاکن

le métro

زیر زمین میٹرو

le tunnel

سرنگ

l'arrêt de bus

بس اسٹاپ

le bar

شراب خانو

le restaurant

روسٹورینٹ

la boîte à lettres

پوسٹ باکس

le panneau indicateur

اسٹریٹ سائن

le parcmètre

پارکنگ میٹر

le zoo

چڑیا گھر

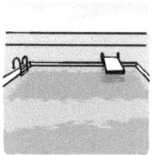

le réverbère

سوئمنگ پول

la mosquée

مسجد

la ferme

فارم

la pollution

الودگي

la cimetière

قبرستان

l'église

چرچ

l'aire de jeux

راند جو ميدان

le temple

مندر

le paysage

زميني منظر

la feuille
پتو

le panneau indicateur
سائن بورڊ

le chemin
رستو

le pré
ساوڪ واري زمين

la pierre
پٿر

le randonneur
پيادل هلڻ وارو هائيڪر

l'arbre
وڻ

la rivière
دريا

l'herbe
ڃر

la fleur
گل

la vallée

وادي

la montagne

جبل

le lac

جھیل

la forêt

جنگل

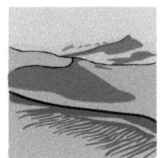

le désert

ریگستان

le volcan

آتش فشان

le château

قلعہ

l'arc-en-ciel

اندلٹ

le champignon

کھمبی

le palmier

کھجی جو وڻ

le moustique

مچھر

la mouche

مکھ

les fourmis

کیولي

l'abeille

ماکي جي مک

l'araignée

مکڙي

le coléoptère

ټندبڅ

la grenouille

ډنګر

l'écureuil

ووزیرون

le hérisson

ژاوو

le lièvre

خرګوش

la chouette

چغرو

l'oiseau

پکي

le cygne

بدک

le sanglier

سونر

le cerf

هرڼ

l'élan

امریکي هرڼ جو قسم

le barrage

ديم

l'éolienne

هوا سان هلڅ واروټربانین

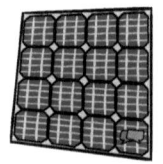

le panneau solaire

سولر پینل

le climat

آب و هوا

le serveur
ويٹر

le menu
کاٹي جي فهرسٹ

la chaise
کرسي

la soupe
سوپ

la pizza
پيزا

les couverts
چهري کانٹا

la nappe
ٹيبل جو کپڑو

les hors d'œuvre
اسٹارٹر

le plat principal
مين کورس

le dessert
کاٹي کانپوء کائٹ وارو مٹو

les boissons
مشروب

l'alimentation
خوراک

la bouteille
بوتل

le fast-food

فاسٹ فوڈ

les plats à emporter

اسٹریٹ فوڈ

la théière

کیتلی

le sucrier

شگر باؤل

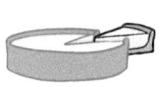

la portion

ٹکڑو

la machine à expresso

ایسپریسو مشین

la chaise haute

اونچی کرسی

la facture

بل

le plateau

ٹری

le couteau

چھری

la fourchette

کانٹو

la cuillère

چمچ

la cuillère à thé

چانھن جو چمچو

la serviette

سروینٹی

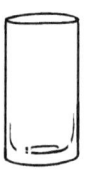

le verre

گلاس

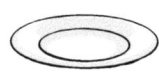

l'assiette

پلیٹ

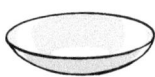

l'assiette à soupe

سوپ پلیٹ

la soucoupe

ساسر

la sauce

چٹنی

la salière

لوڻ داني

le moulin à poivre

مرچ پيس وارو

le vinaigre

سرکو

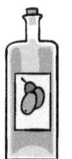

l'huile

کاڌو پچائڻ وارو تيل

les épices

مصالحو

le ketchup

کيچ اپ

la moutarde

سرنهن

la mayonnaise

مايونيز

le supermarché

سپر مارڪيٽ

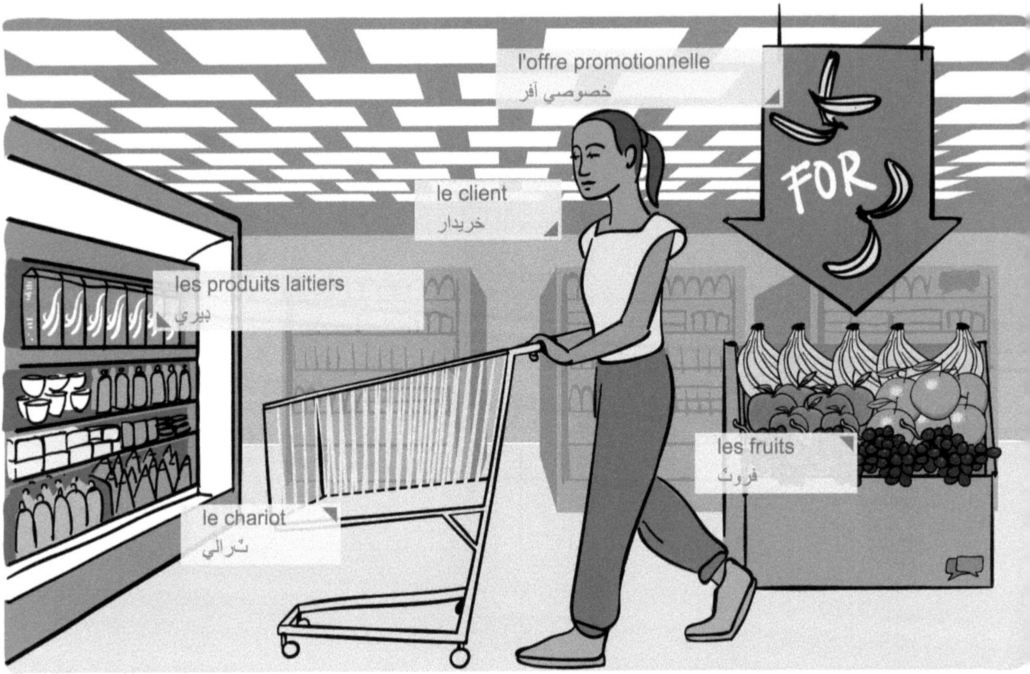

l'offre promotionnelle
خصوصي آفر
FOR
le client
خريدار
les produits laitiers
ڊيري
les fruits
فروٽ
le chariot
ٽرالي

BUTCHERS

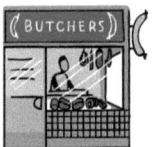

la boucherie

گوشت جي دڪان

BAKERY

la boulangerie

بيڪري

peser

وزن ڪرڻ

les légumes

سبزيون

la viande

گوشت

les aliments surgelés

ڄميل کاڌو

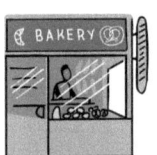

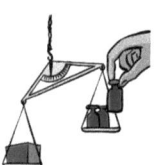

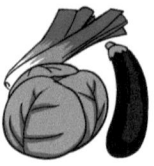

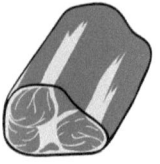

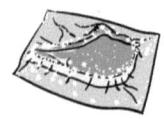

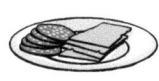

la charcuterie

سرد گوشت

les conserves

ڈبي م بند کاڈو

la poudre à lessive

واشنگ پاؤڈر

les bonbons

مٹھائي

les articles ménagers

گھريلو سامان

les détergents

صفائي کرڻ وارا پرابڪٽس

la vendeuse

سيلز پرسن

la caisse

ڪيش رجسٽر

le caissier

خزانچي

la liste d'achats

خريداري جي فهرست

les heures d'ouverture

اوقات ڪار

le portefeuille

پرس

la carte de crédit

ڪريڊٽ ڪارڊ

le sac

بيگ

le sac en plastique

پلاسٽڪ بيگ

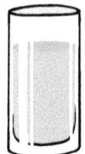

l'eau

پاڻي

le jus de fruit

جوس

le lait

کیر

le coca

کوک

le vin

وائن

la bière

بیئر

l'alcool

الکوھل

le chocolat chaud

کوکو

le thé

چائي

le café

کافي

l'expresso

ایسپریسو

le cappuccino

کپیوچینو

la banane

كيلو

la pomme

صوف

l'orange

والنّما

le melon

خربوذو

le citron.

ليمون

la carotte

گجر

l'ail

ثوم

le bambou

بانس

l'oignon

بصر

le champignon

كنپي

les noisettes

اخروٹ، بادام

les pâtes

نودلز

les spaghetti

اسپيگتّي

le riz

چانور

la salade

سلاد

les pommes frites

چپس

les pommes de terre rôties

تريل پيٽاٽا

la pizza

پيزا

le hamburger

هيم برگر

le sandwich

سينڊوچ

l'escalope

گوشت جو ٽڪرو

le jambon

سور جي ران جو گوشت

le salami

خشڪ گوشت

la saucisse

ساسيج

le poulet

مرغي

le rôti

روسٽ

le poisson

مڇي

les flocons d'avoine

جو جو دليا

le muesli

ميوزلي

les cornflakes

كارن فليكس

la farine

آٹو

le croissant

كروئسنٹ

les petits-pains

بريڈ رول

le pain

بريڈ

le pain grillé

ٹوسٹ

les biscuits

بسکٹ

le beurre

مکّنا

le fromage blanc

دهي

le gâteau

کيک

l'œuf

انڈا

l'œuf au plat

فرائی ٹیل انڈو

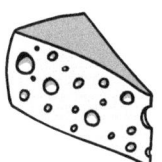

le fromage

پنير

la glace

أئس كريم

le sucre

كنڈ

le miel

ماكي

la confiture

مربو

la crème nougat

چاكليٹ اسپريڈ

le curry

باجي

la ferme

فارم

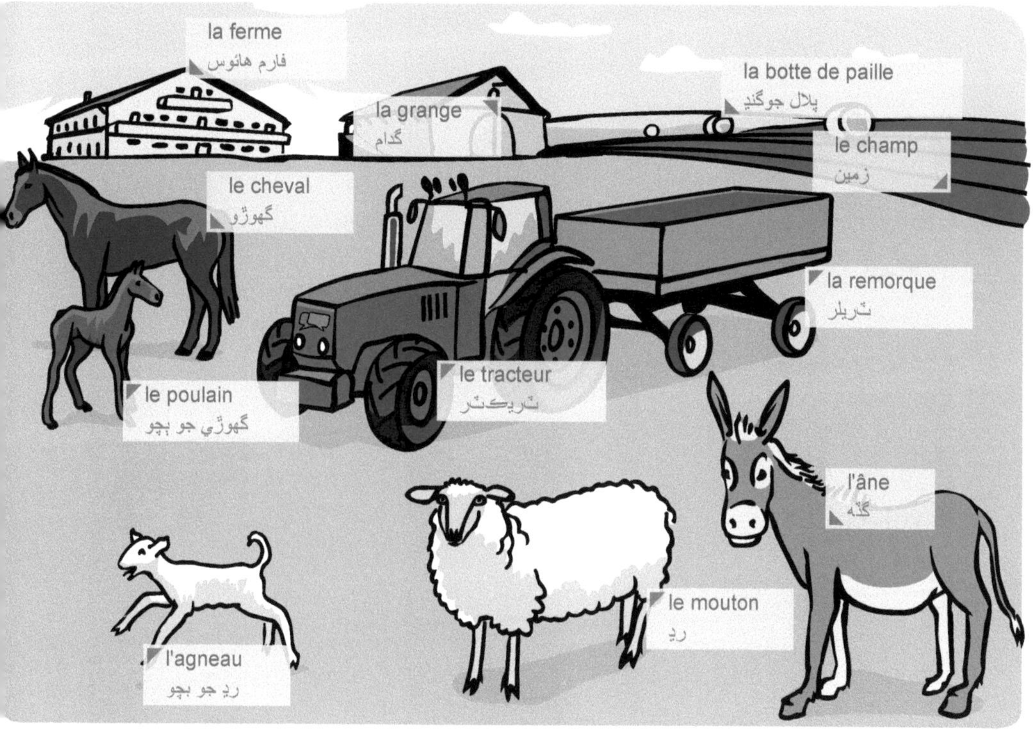

la ferme
فارم هائوس
la grange
گدام
la botte de paille
پلال جوگنڊ
le champ
زمين
le cheval
گھوڙو
la remorque
ٽريلر
le tracteur
ٽريڪٽر
le poulain
گھوڙي جو ٻچو
l'âne
گڏھ
le mouton
رڍ
l'agneau
رڍ جو ٻچو

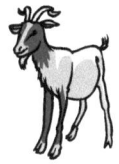

la chèvre

....

ٻڪري

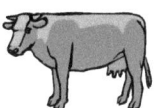

la vache

....

ڳئون

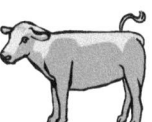

le veau

....

پاڏو

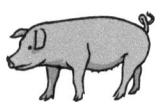

le porc

....

سؤر

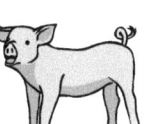

le porcelet

....

سؤر جو ٻچو

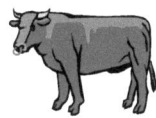

le taureau

....

ڍڳو

l'oie

هنس

le canard

بدك

le poussin

چوزا

la poule

مرغي

le coq

مرغو

le rat

كونو

le chat

ٻلی

la souris

كونو

le bœuf

ڌاند

le chien

كتو

le chenil

كتي جو گھر

le tuyau de jardin

گاردن هوز

l'arrosoir

پاڻي جو كين

la faucheuse

ڏاٺو

la charrue

هر

la faucille

ڏاتو

la pioche

رنبو

la fourche

ڏانداري

la hache

ڪھاڙو

la brouette

هٿ سان هلائڻ واري ريڙهي

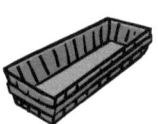

la cuve

حوض

le pot à lait

ڪير جو ڊٻو

le sac

ڳوٿ

la clôture

لوڙهو

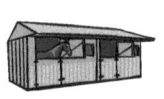

l'étable

اصطبل

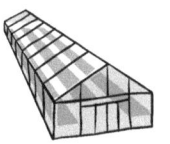

le serre

گرين هانوس

le sol

مٽي

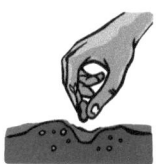

les semences

ٻج

l'engrais

ڪھاد

la moissonneuse-batteuse

ڪمبائنڊ هارويسٽر

récolter

فصل ڪٽڻ

la récolte

فصل ڪٽڻ

l'igname

هڪ قسم جي ترڪاري

le blé

ڪڻڪ

le soja

سويا

la pomme de terre

پٽاٽو

le maïs

مڪائي

le colza

توري جو بج

l'arbre fruitier

ميون جو وڻ

le manioc

ڪساوا

les céréales

اناج

la maison

گهر

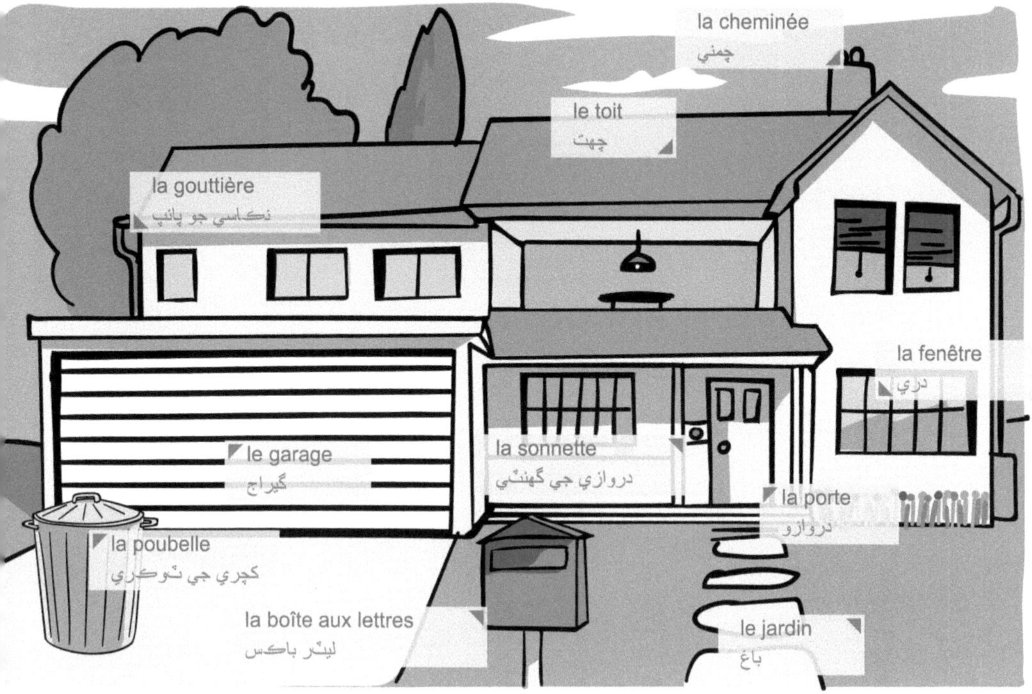

la cheminée
چمني
le toit
ڇت
la gouttière
نڪاسي جو پائپ
la fenêtre
دري
le garage
گيراج
la sonnette
دروازي جي گهنٽي
la porte
دروازو
la poubelle
ڪچري جي ٽوڪري
la boîte aux lettres
ليٽر باڪس
le jardin
باغ

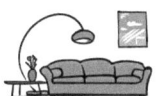

le salon

لوونگ روم

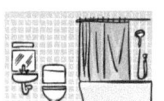

la salle de bain

غسل خانو

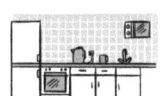

la cuisine

باورچي خانو

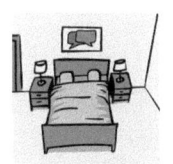

la chambre à coucher

بيڊروم

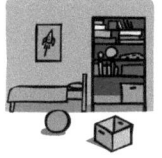

la chambre d'enfant

ٻارن جو ڪمرو

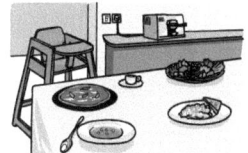

la salle à manger

ڊائننگ روم

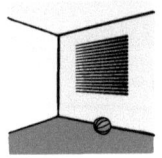

le sol

فرش

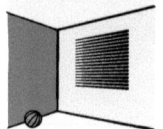

le mur

دیوار

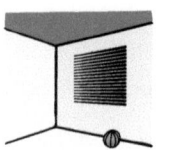

le plafond

چھت

la cave

تہخانو

le sauna

باف وارو غسل

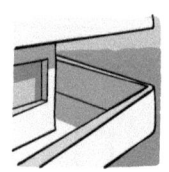

le balcon

بالكونى

la terrasse

ٹيرس

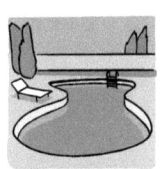

la piscine

تلاؤ

la tondeuse à gazon

گاه كٹن واري مشين

la housse

چادر

la couette

چادر

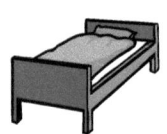

le lit

بيڈ

le balai

جهاڑو

le sceau

بالٹي

l'interrupteur

سوئچ

le salon

لوونگ روم

le papier peint
وال پيپر
l'image
تصوير
la lampe
ليمپ
l'étagère
شيلف
l'armoire
الماري
la télé
ٽيليويزن
la cheminée
باهوواري چمني
la fleur
گل
le coussin
کشن
le sofa
صوفو
le vase
گلدان
la télécommande
ريموٽ کنٽرول

le tapis

قالين

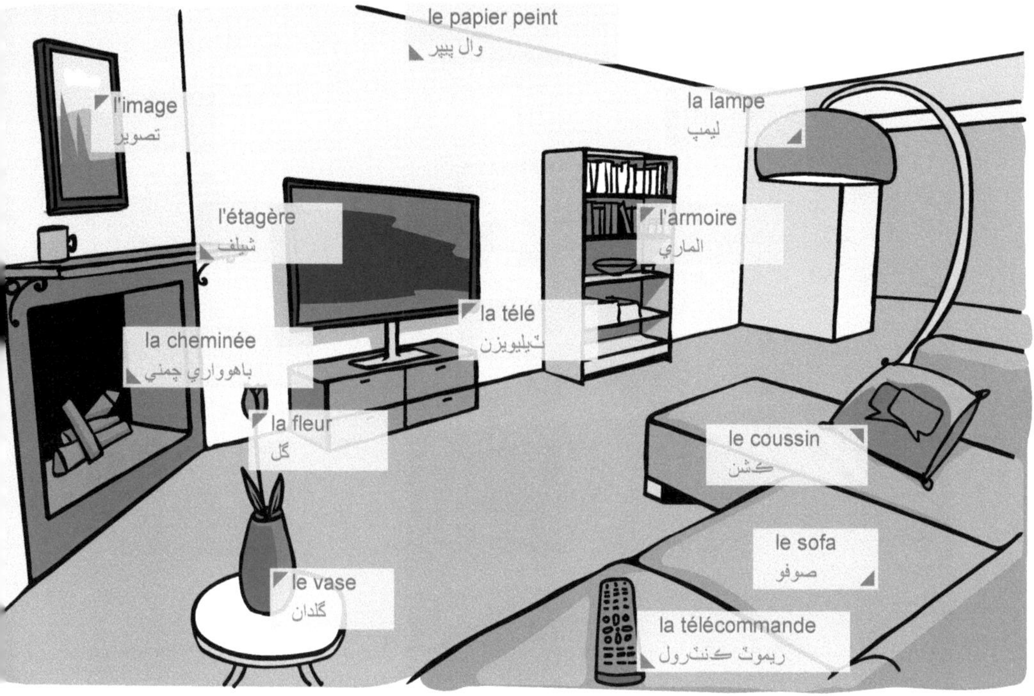

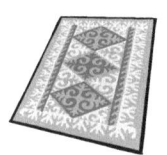

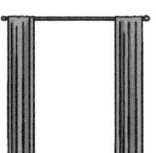

le rideau

پردو

la table

ميز

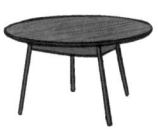

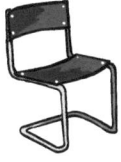

la chaise

کرسي

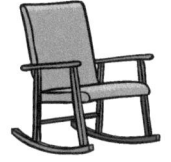

la chaise à bascule

لڏڻ واري کرسي

le fauteuil

آرام کرسي

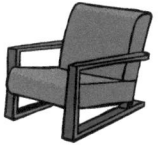

le livre

كتاب

la couverture

كمبل

la décoration

آرائش

le bois de chauffage

ٻارڻ واريون ڪاٺيون

le film

فلم

la chaîne hi-fi

هاني فائي

la clé

چاٻي

le journal

اخبار

la peinture

پينٽنگ

le poster

پوسٽر

la radio

ريڊيو

le bloc-notes

نوٽ بڪ

l'aspirateur

ويڪيوم ڪلينر

le cactus

ٿوهر جو ٻوٽو

la bougie

ميڻ بتي

la cuisine

باورچي خانو

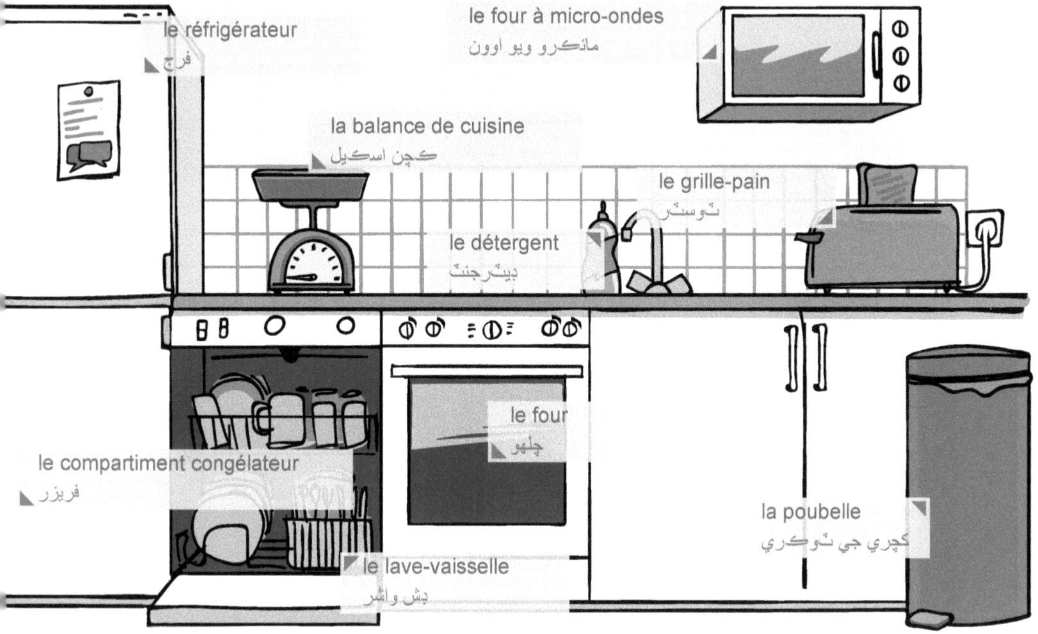

le réfrigérateur
فرج
le four à micro-ondes
مائڪرو ويو اوون
la balance de cuisine
ڪچن اسڪيل
le grille-pain
ٽوسٽر
le détergent
ڊيٽرجنٽ
le four
چلهو
le compartiment congélateur
فريزر
la poubelle
ڪچري جي ٽوڪري
le lave-vaisselle
ڊش واشر

le four

....

ڪُڪر

la casserole

....

ٿانوَ

la marmite

....

ڪاسٽ آئرن جا ٿانو

le wok / kadai

....

ڪڙهائي

la poêle

....

ترڻ وارو ٿانو

la bouilloire electrique

....

ڪيٽلي

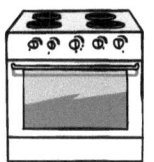

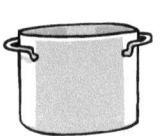

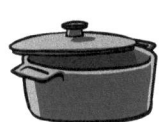

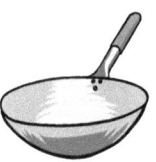

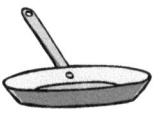

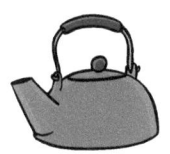

le cuiseur vapeur

اسٹيمر

la plaque de cuisson

بيكنگ ٹري

la vaisselle

كراكري

le gobelet

مگ

la coupe

پيالو

les baguettes

چاپ اسٹكس

la louche

ڈوني

la spatule

ٹّفٹي

le fouet

سبزي مكسر

la passoire

چھاٹي

le tamis

چھاٹي

la râpe

كدو كش وارو اوزار

le mortier

اكري

le barbecue

بار بي كيو

la cheminée

كليل باه

la planche à découper

سبزي کټنگ وارو بورډ

le rouleau à pâtisserie

ویلڼ

le tire-bouchon

کارک اسکريو

la boîte

کين

l'ouvre-boîte

کين اوپنر

les maniques

ثانوَ پکڑنَ وارو کپڑو

le lavabo

سنڊک

la brosse

برش

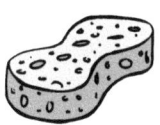

l'éponge

اسفنج

le mixeur

بليندر

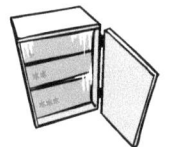

le congélateur

ديپ فريزر

le biberon

بار جي بوتل

le robinet

نل

la salle de bain
غسل خانو

la douche
شاور
le chauffage
هيټنګ
la serviette
ټوال
le rideau de douche
شاور کرټين
le bain moussant
ببل باث
la baignoire
باث ټب
le verre
ګلاس
la machine à laver
واشنګ مشين
le robinet
نل
le carrelage
ټائلز
le pot
پاټي
le lavabo
سنک

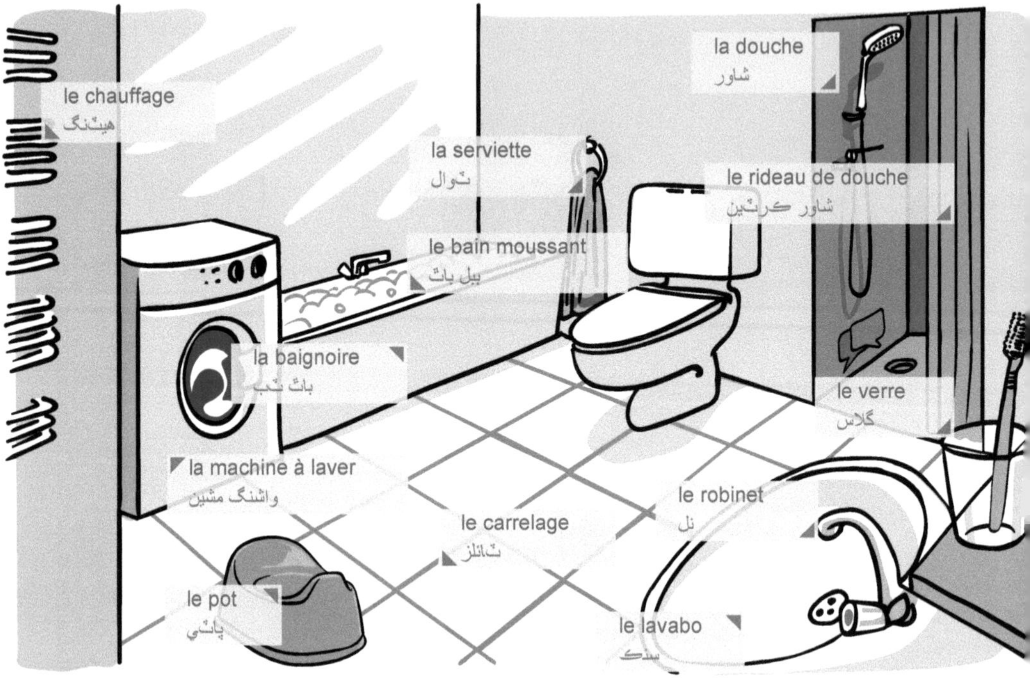

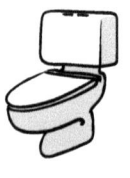

les toilettes

ټائلټ

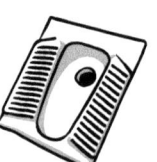

la toilette à la turque

اوکڼو ويهڅ وارو ټوائلټ

le bidet

شرم ګاه ڈوئڅ وارو ټب

l'urinoir

پيشاب ګاه

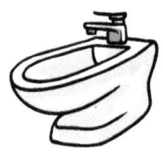

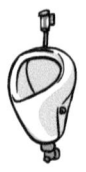

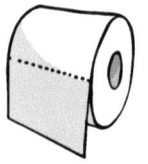

le papier toilette

ټائلټ پيپر

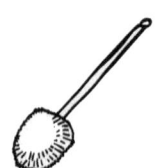

la brosse à toilette

ټائلټ برش

la brosse à dents

نّوّڌە برش

le dentifrice

نّوّڌە پيسّت

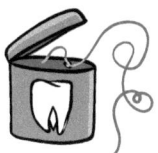

le fil dentaire

دينتّل فلاس

laver

ڌوئّل

la douche manuelle

هيندد شاور

la douche intime

شاور

la vasque

بيك برش

la brosse dorsale

بيك برش

le savon

صابن

le gel douche

شاور جيل

le shampooing

ثيمپو

le gant de toilette

فلالين

l'écoulement

دّرين

la crème

كّريم

le déodorant

ديودورنتّ

le miroir

آئينو

le miroir cosmétique

هٹ م پکژٹ وارو آئينو

le rasoir

ريزر

la mousse à raser

شيونگ فوم

l'après-rasage

آفٹر شيو

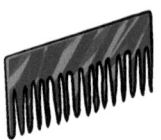

la peigne

ګڼي

la brosse

برش

le sèche-cheveux

هير ډرائير

la laque pour cheveux

هير اسپري

le fond de teint

ميک اپ

le rouge à lèvres

سرخي

le vernis à ongles

نيل وارنش

l'ouate

کپه

le coupe-ongles

نيل سيزر

le parfum

پرفيوم

la trousse de toilette

واش بيگ

le tabouret

اسٹول

le pèse-personne

وزن کرٹ واري مشين

le peignoir

باتھ روب

les gants de nettoyage

ربڑ جا دستانا

le tampon

ٹيمپون

les serviettes hygiéniques

صفائي وارو ٹاول

la toilette chimique

کيمياني ٹوائلٹ

la chambre d'enfant

ٻارن جو ڪمرو

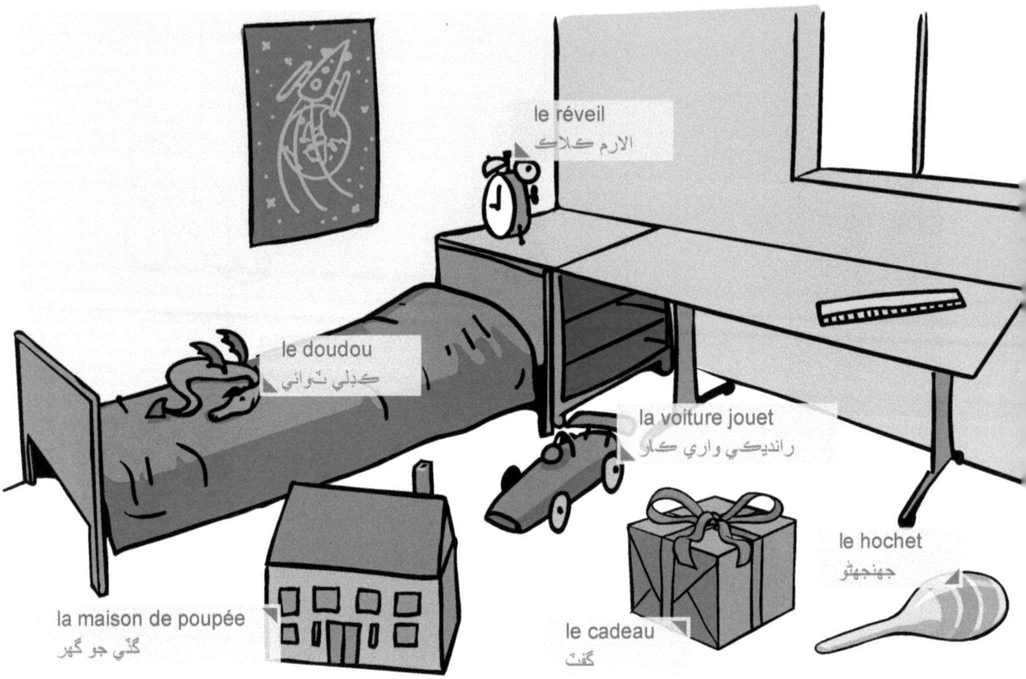
le réveil
الارم ڪلاڪ
le doudou
ڪبلي ٽوائي
la voiture jouet
رانديڪي واري ڪار
le hochet
جهنجهٽو
la maison de poupée
گڏي جو گهر
le cadeau
گفٽ

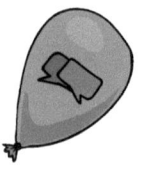

le ballon

ڦوڪڻو

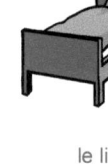

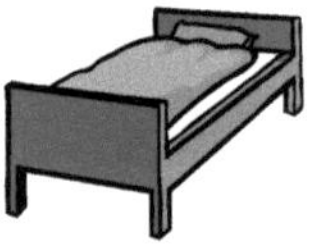

le lit

بيڊ

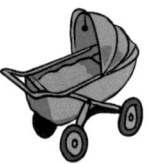

la poussette

ٻار جي ڳاڏي

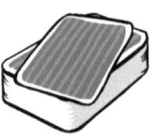

le jeu de cartes

ڊيڪ آف ڪارڊز

le puzzle

جگسا

SUPER
MEGA

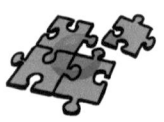

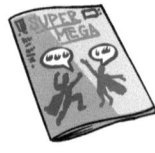

la bande dessinée

ڪامڪ

les pièces lego

لیگوبرگس

les blocs de construction

رانديكن وارا بلاكس

la figurine

ايكشن فگر

la grenouillère

بيبي گرو

le frisbee

فرسبي

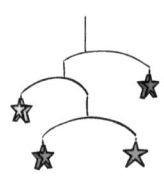

le mobile

رانديكي واري موبائل

le jeu de société

بورڊ گيم

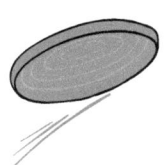

le dé

ڇهكو

le train miniature

مادل ٽين سيٽ

la sucette

بارن جي چوسڻ واري نپل

la fête

پارتي

le livre d'images

تصوير واري كتاب

la balle

بال

la poupée

گڏي

jouer

كيڏڻ

le bac à sable

سينڈ پٹ

la balançoire

جهولا

les jouets

راندیکا

la console de jeu

ویڈیو گیم کنسول

le tricycle

ٹن فٹیڈن واری سائیکل

l'ours en peluche

ٹیڈی بیئر

l'armoire

کپڑن جي الماري

les vêtements

les chaussettes

جرابا

les bas

اسٹاکنگز

le collant

ٹائٹس

l'écharpe
اسكارف

le parapluie
چتري

le t-shirt
تي شرٹ

la ceinture
بيلٹ

les bottes
بوٹ

les pantoufles
چپل

les baskets
جاگر شوز

les sandales
سينڈل

les chaussures
جوتا

les bottes de caoutchouc
ربڑ جا بوٹ

les sous-vêtements
انڈرپينٹس

le soutien-gorge
بريزر

le maillot de corps
واسكٹ

le body

جسم

le pantalon

پتلون

le jean

جينز پينٹ

la jupe

اسکرٹ

le chemisier

چولو

la chemise

قميض

le pull

جرسي

le sweat à capuche

ہوڈي

la veste

بليزر

la veste

جيکٹ

le manteau

کوٹ

l'imperméable

بارش م پائٹ وارو کوٹ

le costume

پوشاک

la robe

لباس

la robe de mariée

شادي جولباس

le costume

سوٽ

la chemise de nuit

نائٽ گاؤن

le pyjama

پاجامو

le sari

ساڙي

le foulard

مٿي تي ٻڌل وارو اسڪارف

le turban

پڳڙي

la burqa

برقعو

le caftan

ڪفتان

l'abaya

عبايو

le maillot de bain

تيراڪي جو لباس

le maillot de bain

چڍي

le short

نيڪر

la tenue d'entraînement

ٽريڪ سوٽ

le tablier

ايپرن

les gants

دستانا

le bouton

بٹن

les lunettes

چشمہ

le bracelet

بریسلیٹ

le collier

ہار

la bague

منڈبی

la boucle d'oreille

والیون

le bonnet

ٹوپی

le cintre

کوٹ ہینگر

le chapeau

ٹوپی

la cravate

ٹائی

la fermeture éclair

زپ

le casque

ہیلمٹ

les bretelles

بریسز

l'uniforme scolaire

اسکول یونیفارم

l'uniforme

وردی

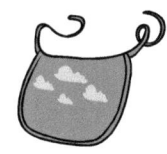

le bavoir

ٻارن لاءِ ڳلي ۾ ٻڌڻ وارو ڪپڙو

la sucette

ٻارن جي چوسڻ واري نپل

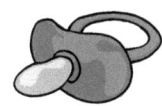

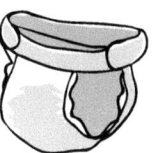

la lange

ڪڇو

le bureau

آفس

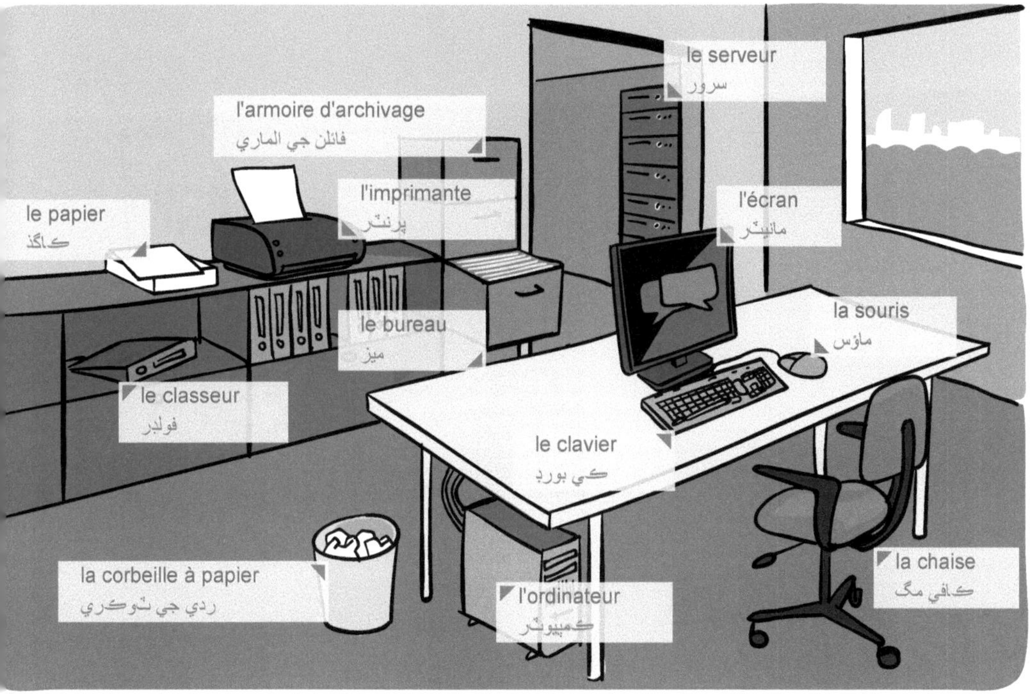

le serveur
سرور
l'armoire d'archivage
فائلن جي الماري
le papier
ڪاغذ
l'imprimante
پرنٽر
l'écran
مانيٽر
le bureau
ميز
la souris
ماؤس
le classeur
فولڊر
le clavier
ڪي بورڊ
la corbeille à papier
ردي جي ٽوڪري
l'ordinateur
ڪمپيوٽر
la chaise
ڪافي مگ

la tasse de café

ڪافي مگ

la calculatrice

ڪيلڪيوليٽر

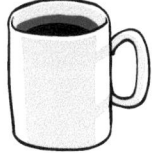

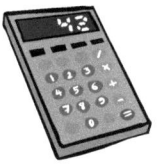

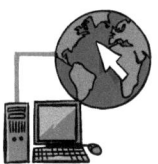

l'internet

انٽرنيٽ

l'ordinateur portable

ليپ ٹاپ

la lettre

خط

le message

پيغام

le portable

موبائل

le réseau

نيٹ ورک

la photocopieuse

فوٹو كاپي كرنٹ واري مشين

le logiciel

سافٹ ويئر

le téléphone

ٹيلي فون

la prise

پلگ ساكٹ

le fax

فيكس مشين

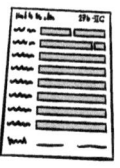

le formulaire

فارم

le document

دستاويز

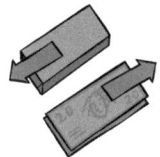

acheter

خرید کرنا

payer

ادا کرنا

faire du commerce

صاف کرنا

la monnaie

پیسا

le dollar

ڈالر

l'euro

یورو

le yen

ین

le rouble

روبل

le franc suisse

سونس فرانک

le renminbi yuan

رینمینبی یوآن

la roupie

روپیو

le distributeur automatique

کیش پوائنٹ

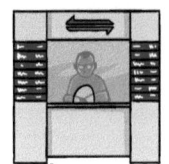

le bureau de change

رقم تبديل كرائٹ جي آفيس

l'or

سون

l'argent

چاندي

le pétrole

خام تيل

l'énergie

توانائي

le prix

قيمت

le contrat

معاهدو

la taxe

ٹيکس

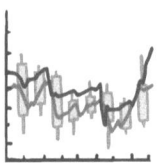

l'action

ذخيرو

travailler

كم كرڻ

l'employé

ملازم

l'employeur

آجر

l'usine

فيڪٹري

le magasin

دڪان

les professions

پیشو

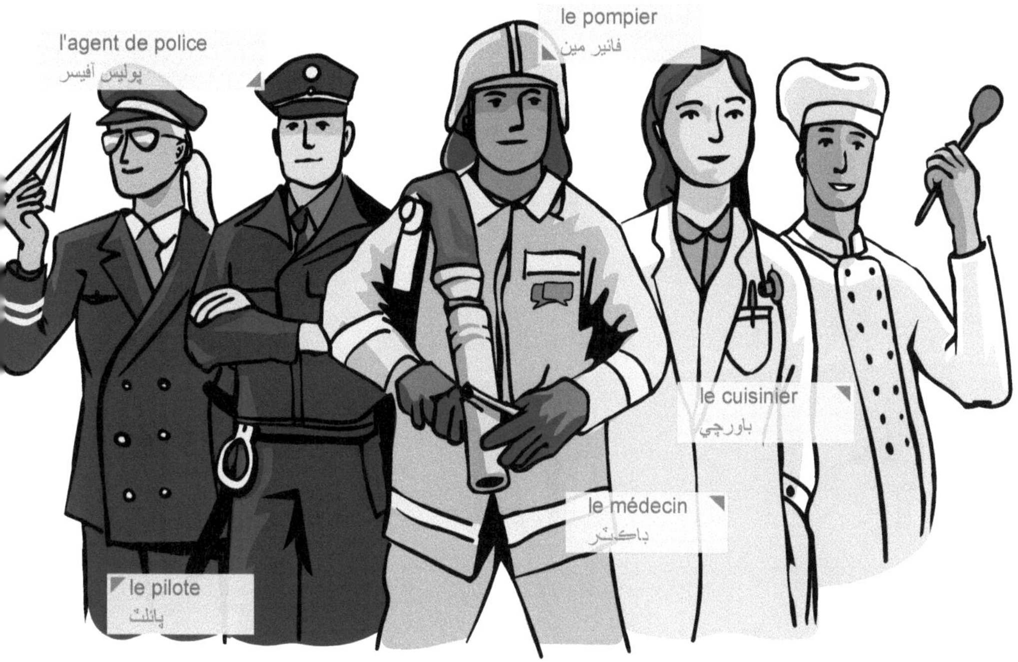

l'agent de police
پولیس آفیسر
le pompier
فائیر مین
le cuisinier
باورچي
le médecin
ډاکټر
le pilote
پائلټ

le jardinier

....

مالي

le menuisier

....

وايو

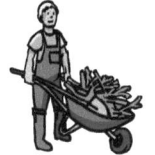

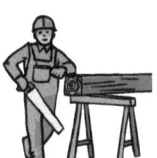

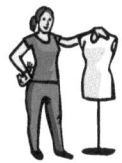

la couturière

....

درزن

le juge

....

جج

le chimiste

....

کیمیسټ

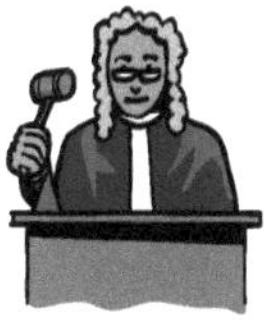

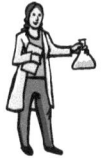

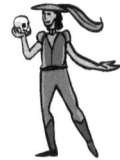

l'acteur

....

اداکار

le conducteur de bus

بس ڈرائيور

le chauffeur de taxi

ٹيكسي ڈرائيور

le pêcheur

مچي مارڻ وارو

la femme de ménage

صفائي ڪرڻ واري ماني

le couvreur

ڇت ٺاهڻ وارو

le serveur

ويٽر

le chasseur

شڪاري

le peintre

رنگ ساز

le boulanger

نانوائي

l'électricien

اليڪٽريشن

l'ouvrier

بلڊر

l'ingénieur

انجنيئر

le boucher

ڪاسائي

le plombier

پلمبر

le facteur

پوسٽ مين

le soldat

سپاهی

l'architecte

آرکیتیکت

le caissier

خزانچي

le fleuriste

گل کپائڼ وارو

le coiffeur

نائي

le contrôleur

کنټرولر

le mécanicien

ميکینک

le capitaine

کپتان

le dentiste

ډینټسټ

le scientifique

سائنسدان

le rabbin

يهودي عالم

l'imam

امام

le moine

راهب

le prêtre

پادري

les outils

اوزار

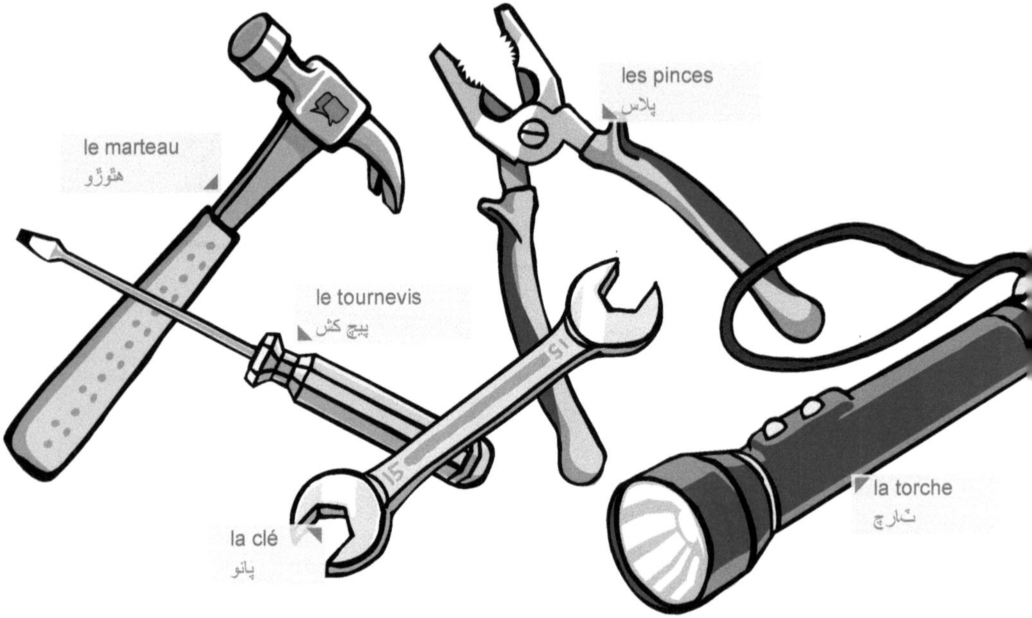
le marteau
هٿوڙو
les pinces
پلاس
le tournevis
پيچ ڪش
la clé
پانو
la torche
ٽارچ

la pelleteuse

ايڪسڪويٽر

la boîte à outils

ٽول باڪس

l'échelle

ڏاڪڻ

la scie

آري

les clous

ڪوڪو

la perceuse

ڊرل

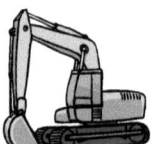

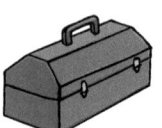

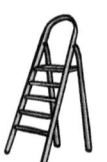

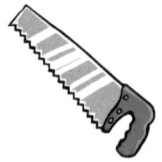

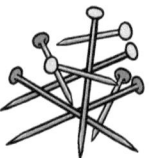

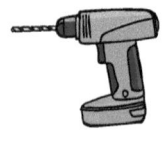

réparer

مرمت کرڻ

la pelle

بيلچو

Mince !

لعنت هجي!

la pelle

کچري دان

le pot de peinture

پينٽ وارو دٻو

les vis

پيچ

les instruments de musique

موسيقي جا اوزار

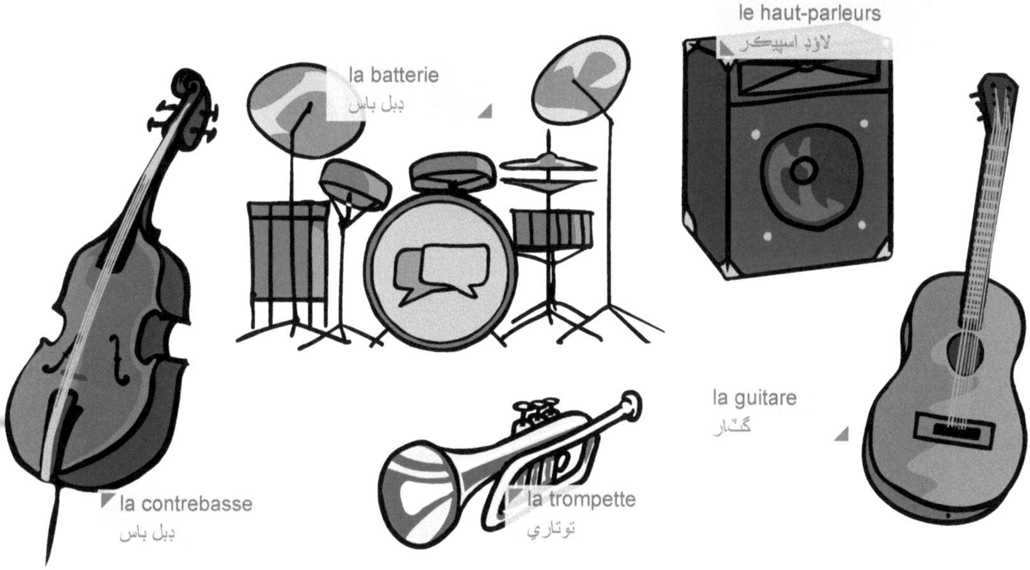

le haut-parleurs

لاؤڊ اسپيڪر

la batterie

ڊبل باس

la guitare

گٽار

la contrebasse

ڊبل باس

la trompette

توتاري

le piano

پيانو

le violon

واٸلن

la basse

گٸتار

les timbales

تٸمپاني

le tambour

ڈرم

le piano électrique

كٸي بورڈ

le saxophone

سيكسوفون

la flûte

بانسري

le microphone

مايٸكروفون

le zoo

چڙيا گهر

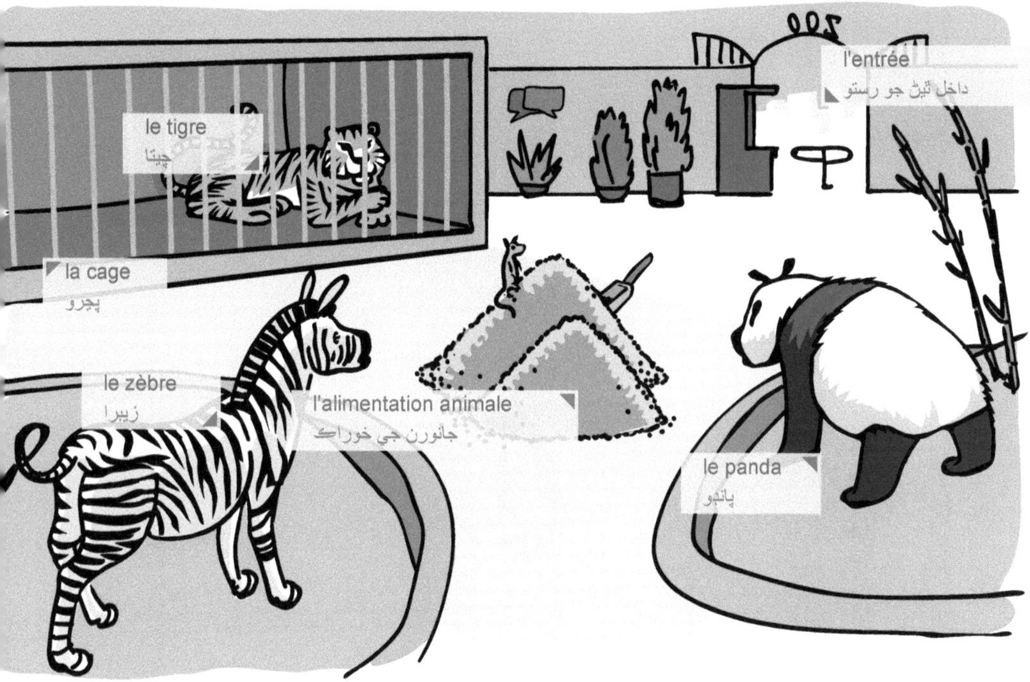

zoo
l'entrée
داخل ٿيڻ جو رستو
le tigre
چيتا
la cage
پڃرو
le zèbre
زيبرا
l'alimentation animale
جانورن جي خوراڪ
le panda
پانڊو

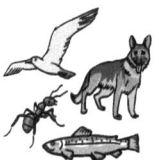

les animaux

جانور

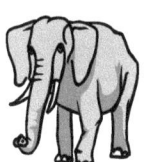

l'éléphant

هاٿي

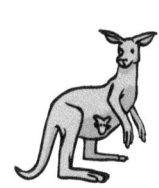

le kangourou

ڪينگرو

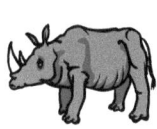

le rhinocéros

گينڊو

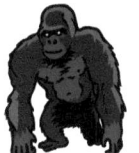

le gorille

گوريلو

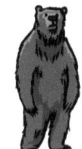

l'ours

رڇ

le chameau

اٺ

l'autruche

شتر مرغ

le lion

ٻيڻهن

le singe

ٻولڙو

le flamand rose

فليمنگو

le perroquet

طوطو

l'ours polaire

برفاني رڇ

le pingouin

ڪبوتر

le requin

شارڪ

le paon

مور

le serpent

نانگ

le crocodile

واڳون

le gardien de zoo

چڙيا گھر جو محافظ

le phoque

گوڃ مڇي

le jaguar

چيٽو

le poney

ٹٹون

le léopard

چیتو

l'hippopotame

دریائی گھوڑو

la girafe

چراف

l'aigle

باز

le sanglier

سوئر

le poisson

مچي

la tortue

کمي

le morse

ساموندی گھوڑو

le renard

لومڑي

la gazelle

هرڻ

l'american Football
آمریکن فوټبال

le cyclisme
سائیکلنگ

le tennis
ټینس

le basket-ball
باسکټ بال

la natation
تیراکي

la boxe
باکسنگ

le hockey sur glace
آئس هاکي

le football
فوټبال

le badminton
بیډمنټن

l'athlétisme
ایتهلیټکس

le handball
هینډ بال

le ski
اسکیینگ

le polo
پولو

sauter
ٹپوڈیڼ

rire
کاښ

embrasser
پاکر پاڼل

chanter
گانو څاڼل

marcher
هلڼ

prier
دعا کرڼ

faire la bise
چمی ڈیڼ

rêver
خواب لّسڼ

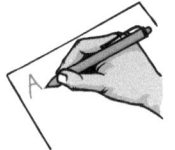

écrire

لکڼ

dessiner

تصویر کښي کرڼ

montrer

ڼیکارڼ

pousser

ڈکوڼیڼ

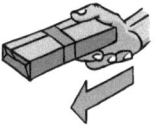

donner

ڈیڼ

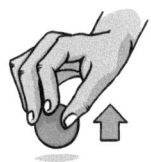

prendre

ونڼ

avoir

ركڻ

faire

ڪرڻ

être

ٿيڻ

être debout

بيهڻ

courir

ڊوڙڻ

trier

چڪڻ

jeter

اڇلائڻ

tomber

ڪرڻ

être couché

ڪري ڳالهائڻ

attendre

انتظار ڪرڻ

porter

کڻي وڃڻ

être assis

ويهڻ

s'habiller

تيار ٿيڻ

dormir

سمهڻ

se réveiller

جاڳڻ

regarder

ڈیسݨ

pleurer

روݨ

caresser

ڈک ہٹݨ

peigner

کنگی کرݨ

parler

گالھاݨ

comprendre

سمجھݨ

demander

پچھݨ

écouter

ہݨݨ

boire

پیݨ

manger

کاݨ

ranger

صاف کرݨ

aimer

پیار کرݨ

cuire

پچاݨ

conduire

گاڈی ہلاݨ

voler

اڈݨ

faire de la voile

بحري سفر کرڼ

calculer

حساب کرڼ

lire

پڕهڻ

apprendre

سکڼ

travailler

کم کرڼ

se marier

شادي کرڼ

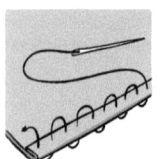

coudre

سیڼ

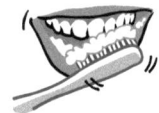

brosser les dents

ڼندن کي برش کرڼ

tuer

قتل کرڼ

fumer

سگریټ پیڼ

envoyer

موکلڼ

la famille
خاندان

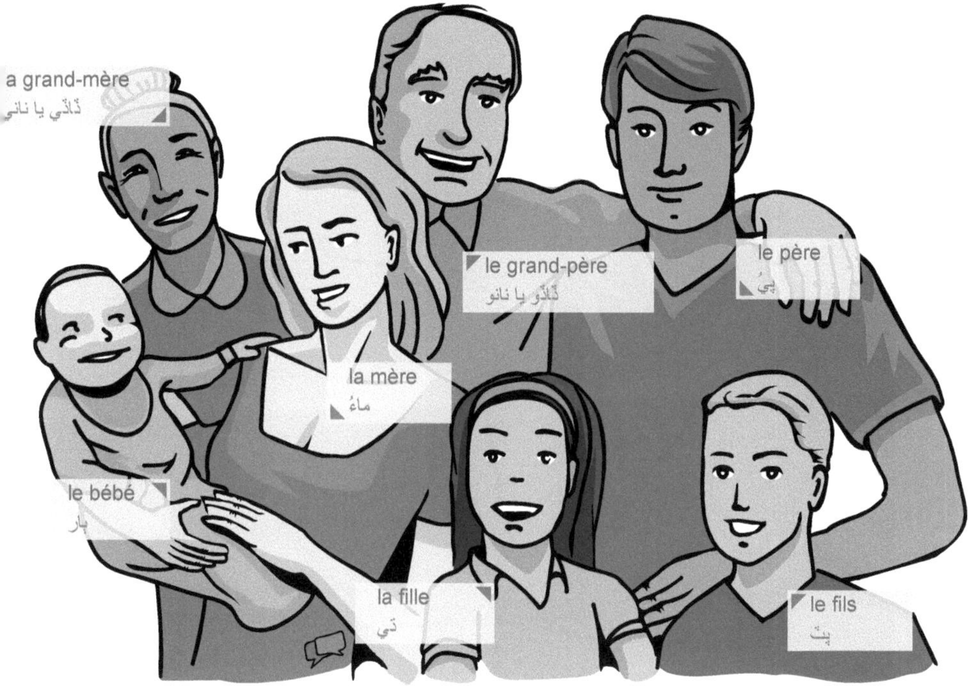
a grand-mère
ڏاڏي يا ناني
le grand-père
ڏاڏو يا نانو
le père
پيءُ
la mère
ماءُ
le bébé
ٻار
la fille
ڌي
le fils
پٽ

l'hôte

مهمان

la tante

چاچي

l'oncle

چاچو

le frère

ڀاءُ

la sœur

ڀيڻ

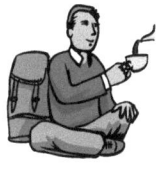

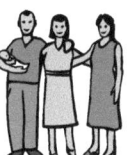

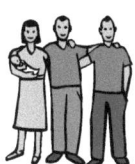

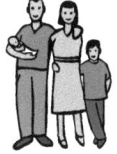

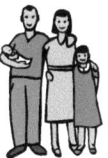

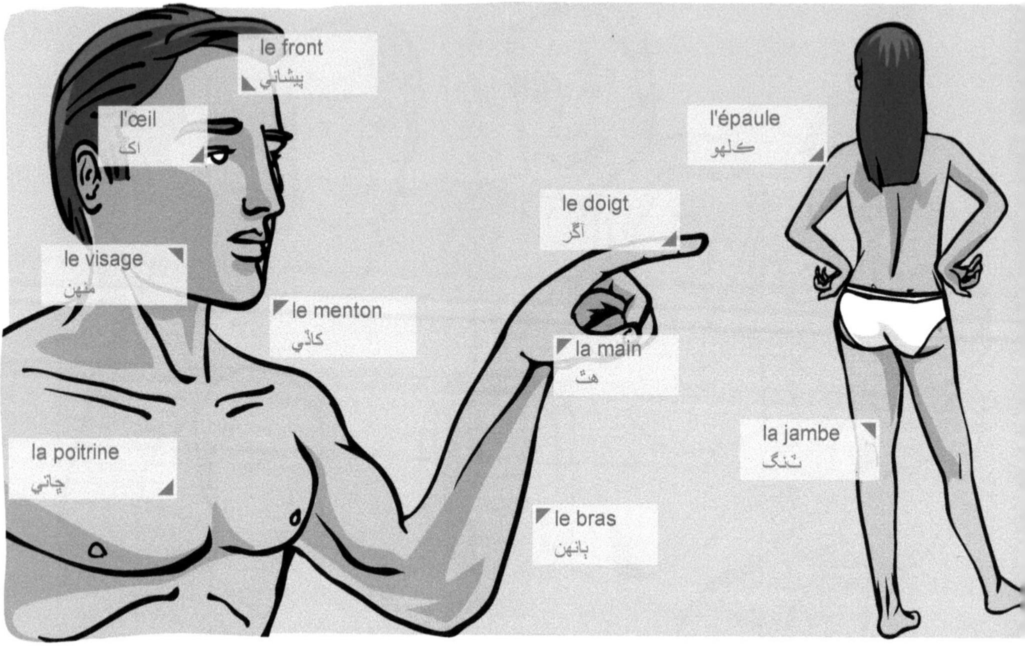

le front
پيشاني

l'œil
اک

l'épaule
کلهو

le doigt
اگر

le visage
منهن

le menton
کاٹي

la main
هتِ

la poitrine
چاتي

la jambe
ٹنگ

le bras
بانهن

le bébé

ٻار

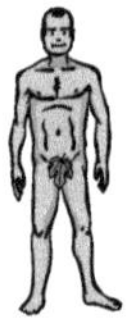

l'homme

ماٿهون

la femme

عورت

la fille

چوكري

le garçon

چوكرو

la tête

مٿو

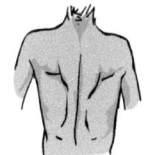

le dos

پٹھ

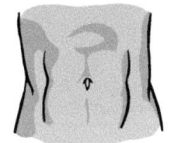

le ventre

پیٹ

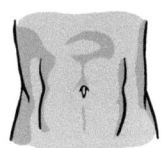

le nombril

دن

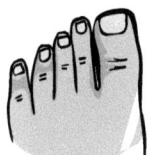

l'orteil

پیر جو آگوٹو

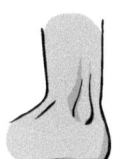

le talon

کڑي

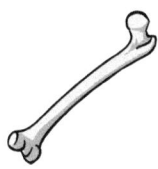

l'os

هڈّي

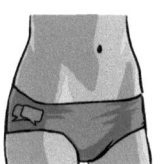

la hanche

ٻندڙ

le genou

گوڏو

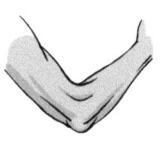

le coude

ٿونٺ

le nez

نڪ

les fesses

هيٺيون حصو

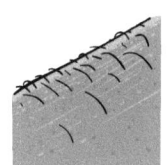

la peau

کل

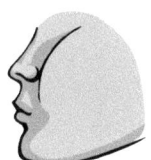

la joue

ڳٽ

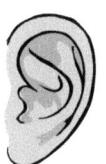

l'oreille

ڪن

la lèvre

چپ

la bouche

وات

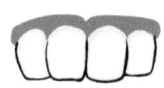

la dent

ڈنٹ

la langue

زبان

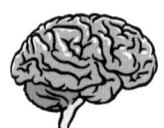

le cerveau

دماغ

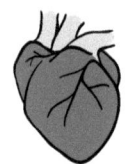

le cœur

دل

le muscle

ٹورو

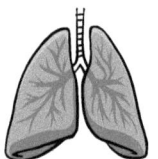

les poumons

قفز

le foie

جگر

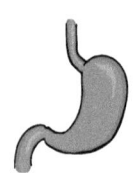

l'estomac

معدو

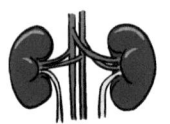

les reins

گردا

le rapport sexuel

جماع کرٹ

le préservatif

کنڈوم

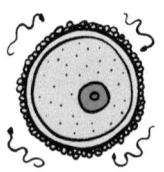

l'ovule

بیضہ

le sperme

منی

la grossesse

حمل

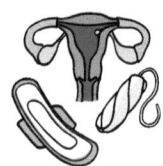

la menstruation
··········
حيض

le vagin
··········
ﭘﭽﻴﺪﺍﻧﻲ ﺟﻲ ﻧﺎﻟﻲ

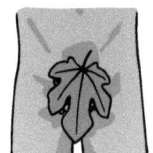

le pénis
··········
ﻣﺮﺩﺍﻧﻮ ﻣﺨﺼﻮﺹ ﻋﻀﻮﻭ

le sourcil
··········
ﭘﺮﻭﻥ

les cheveux
··········
ﻭﺍﺭ

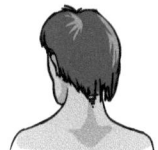

le cou
··········
ﮔﭽﻲ

l'hôpital

اسپتال

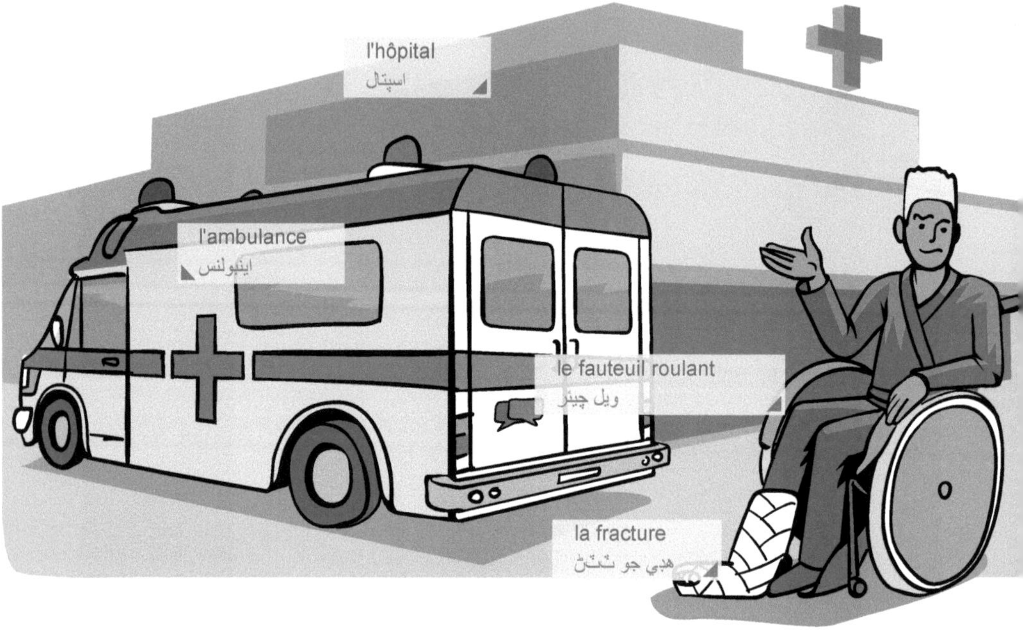

l'hôpital
اسپتال
l'ambulance
اينبولنس
le fauteuil roulant
ويل چيئر
la fracture
هڏي جو ٽٽڻ

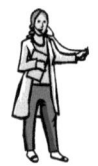

le médecin

ڊاڪٽر

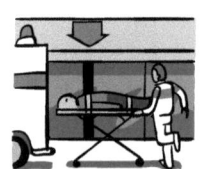

le service des urgences

هنگامي ڪمرو

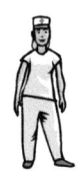

l'infirmière

نرس

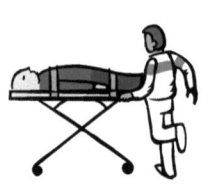

l'urgence

ايڪسري

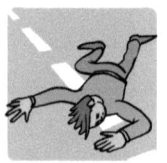

inconscient

بيهوش

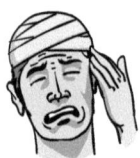

la douleur

سور

la blessure

زخم

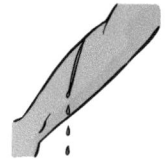

l'hémorragie

رت وهٔ

la crise cardiaque

دل جو دورو

l'attaque cérébrale

فالج

l'allergie

الرجي

la toux

کنگهه

la fièvre

بخار

la grippe

زکام

la diarrhée

دست

le mal de tête

مٿي جو سور

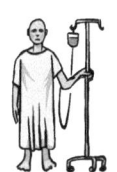

le cancer

کينسر

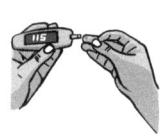

le diabète

ذيابيطس

le chirurgien

سرجن

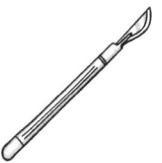

le scalpel

جراحي بليڊ

l'opération

آپريشن

le CT

سي ٽي

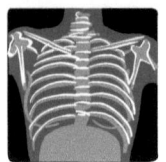

la radiographie

ايكسري

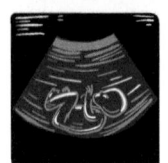

l'échographie

الٽراساؤنڊ

le masque

منهن جي ماسڪ

la maladie

بيماري

la salle d'attente

انتظار ڪرڻ جو ڪمرو

la béquille

بيساکھي

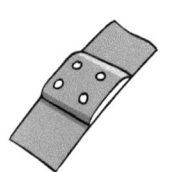

le pansement

پالاسٽر

le pansement

پٽي

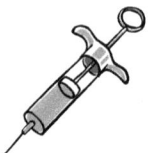

l'injection

انجيڪشن

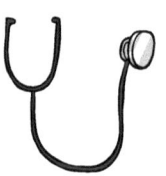

le stéthoscope

اسٽيٿهوسڪوپ

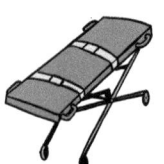

le brancard

اسٽريچر

le thermomètre

ٿرماميٽر

l'accouchement

پيدائش

la surcharge pondérale

موٽاپو

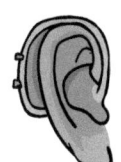

l'appareil auditif

ﮨﮉّﮢ واري ﮈيوائس

le désinfectant

جراﺋﻴﻢ ﻛﺶ

l'infection

انفﻴﻜﺸﻦ

le virus

وائرس

le VIH / le sida

ايﭻ أى وي / ايﮈز

le médicament

دوا

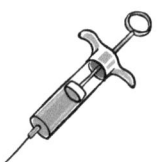

la vaccination

وﻳﻜﺴﻴﻨﻴﺸﻦ

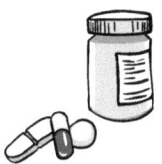

les comprimés

ﭨﻴﻜﻲ

la pilule

ﮔﻮري

l'appel d'urgence

ﮨﻨﮔﺎﻣﻲ ﻛﺎل

le tensiomètre

ﺑﻠﮉ پريﺸﺮ ﻣﺎﻧﻴﭩﺮ

malade / sain

ﺑﻴﻤﺎر / ﺻﺤﺖ

Au secours !

مدد

l'alarme

الارم

l'assaut

جسماني حملو ڪرڻ

l'attaque

حملو ڪرڻ

le danger

خطره

la sortie de secours

هنگامي حالت ۾ نڪرڻ جو رستو

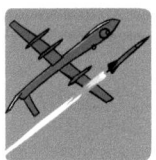

Au feu!

باه

l'extincteur

باه وسائڻ جو اوزار

l'accident

حادثو

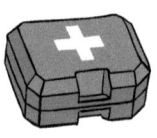

la trousse de premier
secours

ابتدائي طبي امداد

SOS

ايس او ايس

la police

پوليس

l'Europe

یورپ

l'Amérique du Nord

اتر آمریکا

l'Amérique du Sud

ڈکڻ آمریکا

l'Afrique

أفریقا

l'Asie

ایشیا

l'Australie

آسٹریلیا

l'Océan atlantique

اٹلانٹک

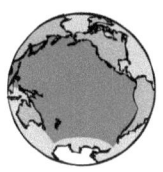

l'Océan pacifique

پیسفک

l'Océan indien

بحر ہند

l'Océan antarctique

انٹارکٹک سمندر

l'Océan arctique

أرکٹک سمندر

le Pôle nord

اتر قطب

le Pôle sud

ذَكَرَ قطب

l'Antarctique

انتَاركتِّيكا

la terre

زمین

le pays

زمین

la mer

سمند

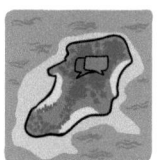

l'île

جزیرو

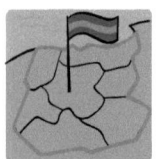

la nation

قوم

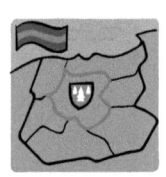

l'état

ریاست

le cadran

گهڙي جو سامهون حصو

l'aiguille des heures

كلاك واري سوئي

l'aiguille des minutes

منٽ واري سوئي

l'aiguille des secondes

سيڪندن واري سوئي

Quelle heure est-il ?

ٽائم گهٽو ٿيو آهي؟

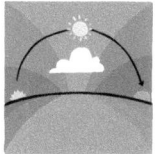

le jour

ڏينهن

le temps

وقت

maintenant

هاڻي

la montre digitale

ڊجيٽل گهڙي

la minute

منٽ

l'heure

كلاك

la semaine

هفتو

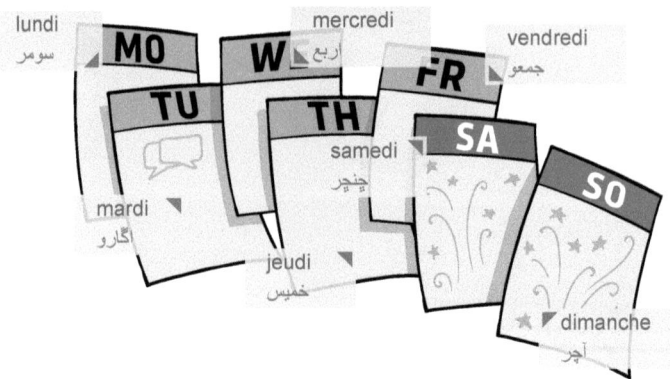

lundi
سومر

mardi
اگارو

mercredi
ارباع

jeudi
خميس

vendredi
جمعو

samedi
چنچر

dimanche
آچر

hier
كله

aujourd'hui
اج

demain
سباني

le matin
صبح

le midi
منجهند

le soir
شام

les jours ouvrables
كاروباري ڏينهن

le week-end
هفتي جو آخر

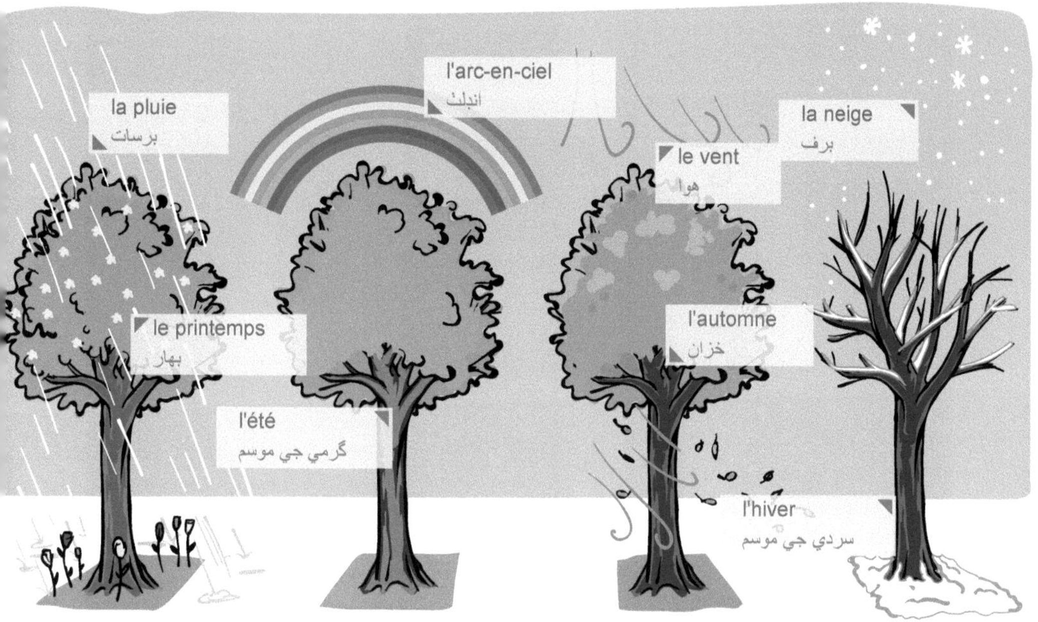

la pluie
برسات

l'arc-en-ciel
انڊلٺ

la neige
برف

le vent
هوا

le printemps
بهار

l'automne
خزان

l'été
گرمي جي موسم

l'hiver
سردي جي موسم

la météo

موسم جي پيشنگوهي

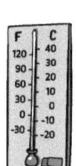

le thermomètre

ٿرماميٽر

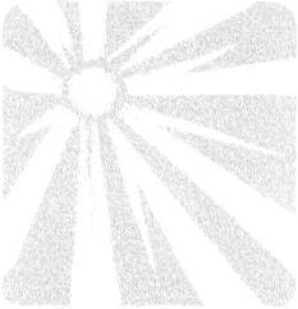

la lumière du soleil

اس

le nuage

بادل

le brouillard

ڌنڌ

l'humidité

نمي

la foudre

آسماني بجلي

la tonnerre

ٽّرماميٽّر

la tempête

طوفان

la grêle

ڳڙڙ جو مينهن

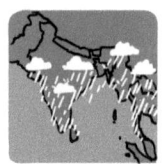

la mousson

مون سون

l'inondation

ٻوڏ

la glace

برف

janvier

جنوري

février

فيبروري

mars

مارچ

avril

اپريل

mai

مئي

juin

جون

juillet

جولائي

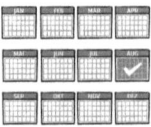

août

آگسٽ

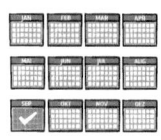

septembre

سپتمبر

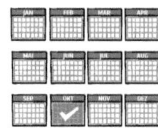

octobre

آکتوبر

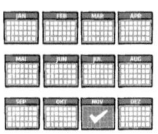

novembre

نویمبر

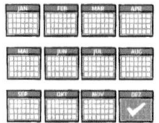

décembre

ڈسمبر

les formes

شکلون

le cercle

دائرو

le carré

چکور

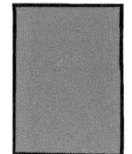

le rectangle

مستطیل

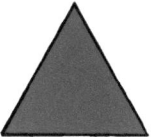

le triangle

ٹکنڈی

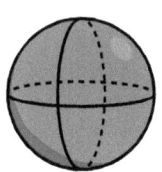

la sphère

کرہ

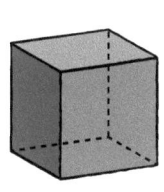

le cube

کعب

blanc

اڇو

jaune

پيلو

orange

نارنجي

rose

گلابي

rouge

ڳاڙهو

violet

جامني

bleu

نيرو

vert

سائو

marron

ناسي

gris

پورو

noir

كارو

beaucoup / peu

گهٹو / ٹورو

fâché / calme

ناراض / پر سكون

joli / laid

خوبصورت / بدصورت

le début / la fin

شروعات / ختم

grand / petit

وڈو / نیو

clair / obscure

روشني / اونده

frère / soeur

بهن / بهائي

propre / sale

صاف / خراب

complet / incomplet

مكمل / نا مكمل

le jour / la nuit

ڈینهن / رات

mort / vivant

مرده / زنده

large / étroit

بڈهو / تنگ

comestible / incomestible

كائڻ قابل نه هجڻ / كائڻ جي قابل هجن

méchant / gentil

برو / سٺو

excité / ennuyé

پرجوش / بوريت جوشڪار

gros / mince

موٽو / پتلو

le premier / le dernier

پهريون / آخري

l'ami / l'ennemi

دوست / دشمن

plein / vide

پريل / خالي

dur / souple

سخت / نرم

lourd / léger

ڳرو / هلڪو

faim / soif

بک / اڃ

malade / sain

بيمار / صحت

illégal / légal

غيرقانون / قانوني

intelligent / stupide

عقلمند / بيوقوف

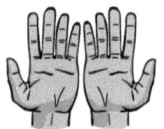

gauche / droite

سڌو / ابتو

proche / loin

ويجهي / پري

nouveau / usé

نئون / استعمال شيل

rien / quelque chose

كجه به نه / كجه

vieux / jeune

پوړهو / نوجوان

marche / arrêt

آن / آف

ouvert / fermé

كليل / بند

faible / fort

خاموش / بلند أواز سان

riche / pauvre

امير / غريب

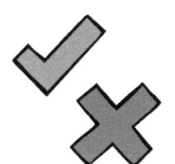

correct / incorrect

صحيح / غلط

rugueux / lisse

كهورو / لسو

triste / heureux

غمگين / خوش

court / long

مختصر / بگهو

lent / rapide

أهسته / تيز

mouillé / sec

آلو / سكل

chaud / froid

گرم / ښو

la guerre / la paix

جنگ / امن

0

zéro

زيرو

1

un / une

هک

2

deux

هپ

3

trois

ټي

4

quatre

چار

5

cinq

پنج

6

six

چه

7

sept

ست

8

huit

اټ

9

neuf

نوَ

10

dix

ڼه

11

onze

يارهن

12
douze

پارهن

13
treize

تیرهن

14
quatorze

چوڈهن

15
quinze

پندرهن

16
seize

سورهن

17
dix-sept

سترهن

18
dix-huit

ارژهن

19
dix-neuf

اوٹویه

20
vingt

ویه

100
cent

سو

1.000
mille

هزار

1.000.000
le million

ڈه لک

l'anglais

انگريزي

l'anglais américain

أمريكي انگريزي

le chinois mandarin

چيني ميندارن

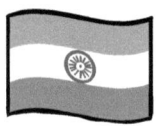

le hindi

هندي

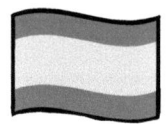

l'espagnol

اندلسي بولي

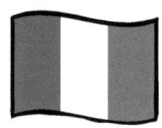

le français

فرانسيسي

l'arabe

عربي

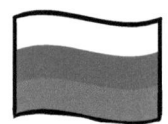

le russe

روسي

le portugais

پرتگالي

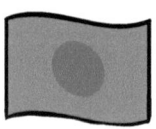

le bengali

بنگالي

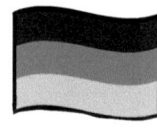

l'allemand

جرمن

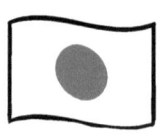

le japonais

جاپاني

je

مان

tu

تون

il / elle / ce, c', cela

هي چوكري/ هي چوكرو / هو

nous

اسان

vous

تون

ils / elles

هو

Qui ?

كير؟

Quoi ?

چا؟

Comment ?

كيئن

Où ?

كٿي؟

Quand ?

كڏهن؟

le nom

نالو

derrière

پويان

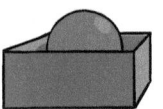

dans

devant

جي سامهون

au-dessus

مٿي

sur

تي

en-dessous

هيٺ

à côté de

ڀرسان

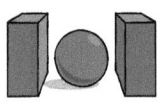

entre

وچ ۾

le lieu

جڳھ